BEI GRIN MACHT SICH IHR WISSEN BEZAHLT

- Wir veröffentlichen Ihre Hausarbeit,
  Bachelor- und Masterarbeit

- Ihr eigenes eBook und Buch -
  weltweit in allen wichtigen Shops

- Verdienen Sie an jedem Verkauf

Jetzt bei www.GRIN.com hochladen
und kostenlos publizieren

Bibliografische Information der Deutschen Nationalbibliothek:

Die Deutsche Bibliothek verzeichnet diese Publikation in der Deutschen National-
bibliografie; detaillierte bibliografische Daten sind im Internet über http://dnb.d-
nb.de/ abrufbar.

Impressum:

Copyright © 2016 GRIN Verlag
Druck und Bindung: Books on Demand GmbH, Norderstedt Germany
ISBN: 9783668734753

Dieses Buch bei GRIN:

https://www.grin.com/document/429472

Lion Beständig

Grundlagen der allgemeinen Trainingslehre und Umsetzung nach der ILB-Methode an einem Praxisbeispiel

Trainingslehre 1

GRIN Verlag

GRIN - Your knowledge has value

Der GRIN Verlag publiziert seit 1998 wissenschaftliche Arbeiten von Studenten, Hochschullehrern und anderen Akademikern als eBook und gedrucktes Buch. Die Verlagswebsite www.grin.com ist die ideale Plattform zur Veröffentlichung von Hausarbeiten, Abschlussarbeiten, wissenschaftlichen Aufsätzen, Dissertationen und Fachbüchern.

Deutsche Hochschule für
Prävention und Gesundheitsmanagement
Hermann Neuberger Sportschule 3
66123 Saarbrücken

Einsendeaufgabe

Fachmodul:	**Trainingslehre 1**
Studiengang:	**Fitnessökonomie**
Datum Präsenzphase:	**05.09.16 – 08.09.16**
Name, Vorname:	**Beständig, Lion**
Studienort:	**Stuttgart**
Semester:	**SS16**

Inhaltsverzeichnis

1 Lösung Teilaufgabe 1 - Diagnose

1.1 Lösung Teilaufgabe 1.1 – Allgemeine und biometrische Daten

Bei einer ausführlichen Anamnese wurden die wichtigsten Allgemeinen Daten erhoben und in der nachfolgenden Tabelle festgehalten.

Tabelle 1: Allgemeine Daten der Person

Alter	22 Jahre
Geschlecht	Männlich
Körpergröße in Meter (m)	1,77m
Gewicht in Kilogramm (kg)	70kg
Trainingsmotiv	Muskelaufbau
Berufliche Tätigkeit	Student
Frühere Sportliche Aktivitäten	Gelegentliches Fußballspielen mit Freunden (2-3mal im Monat), ansonsten wurde der Sport früher eher gemieden und ohne festes Ziel verfolgt.
Aktuelle Sportliche Aktivitäten	Seit 2 Jahren regelmäßiges Krafttraining (Split), 3-mal die Woche für jeweils 90min, jedoch ohne systematischen Trainingsplan
Zeitlicher Verfügbarkeitsrahmen	3- bis 4-mal die Woche, á 120min
Leistungsstufe	Fortgeschrittener, da er schon seit 2 Jahren regelmäßigen Kraftsport betreibt ➜ ILB-Grobraster zur Trainingsplanung, Fortgeschrittener mit einer Trainingserfahrung von mehr als 12 Monaten
Gesundheitliche Probleme	Die Testperson hat weder orthopädische noch interniste Probleme und ist nicht in ärztlicher Behandlung oder nimmt Medikamente, welche ihn einschränken könnten. Es besteht somit keine Einschränkungen hinsichtlich der Belastbarkeit der Person sowie dessen Trainierbarkeit.

Um einen optimalen Trainingsplan zu erstellen sind die biometrischen Daten zur Trainingsplanerstellung unverzichtbar. Damit diese so genau wie möglich sind wurden sie Vorort anhand von verschiedenen Eingangstests ermittelt und in der nachfolgenden Tabelle aufgelistet.

Tabelle 2: Biometrische Daten der Person

Eingangstest	Gemessene Werte	Normwerte	Beurteilung
Blutdruck (gemessen mithilfe eines Blutdruckmessgerätes)	Systolisch: 121mmHg Diastolisch: 82mmHg	Normale Blutdruckwerte laut der WHO zwischen 120-129 systolisch und 80-84 diastolisch	Der Gemessene Wert der Testperson liegt innerhalb der Normwerte und gehört somit in die Bewertungsstufe normaler Blutdruck
Ruhepuls (gemessen mithilfe eines elektronischen Pulsmessgerätes)	61 Schläge pro Minute	Ein Normaler Ruhepuls liegt laut der WHO bei 60 bis 80 Schlägen pro Minute	Der Gemessene Wert der Testperson liegt an der unteren Grenze der Normwerte der WHO, was an der sportlichen Aktivität liegt die er schon länger ausübt
Body-Mass-Index = BMI (gemessen nach der Formel Masse kg *Körpergröße m ^2)	22,3	Ein Normaler BMI liegt beim Mann zwischen 20 und 25	Der Gemessene Wert von 22,3 liegt genau im Normwert und somit im Normalbereich
Körperfettanteil in Prozent % (gemessen mithilfe eines Infrarotlichtmessgeräts)	12%	Ein Normaler Körperfettanteil beim 22-Jährigem Mann liegt bei 10,8% bis 14,9%	Der Gemessene Wert von 12% liegt im Normalbereich

1.2 Lösung Teilaufgabe 1.2 – Krafttestung

Nicht nur die Erfassung und Bewertung der Allgemeinen und Biometrischen Daten ist für die Trainingsplanung wichtig, sondern auch die Durchführung eines geeigneten Krafttests. Demensprechend wurde ein Mehrwiederholungstest (X-RM-Test) durchgeführt und in der nachfolgenden Tabelle näher beschrieben und begründet wird.

Tabelle 3: Erläuterung Krafttest

Erläuterung Mehrwieder-holungstest (X-RM-Test)	Der Mehrwiederholungstest (X-RM-Test) dient zur Ermittlung des maximalen Gewichtes bei einer vorher festgelegten Wiederholungsanzahl X. Man möchte herausfinden bei welchem Gewicht die Testperson die vorher angegebene Wiederholungszahl, ohne Hilfe, sauber ausführen kann.
Begründung der Auswahl des Testverfahrens	Die Testperson besitzt das nötige Vorwissen und die Erfahrung, dank des bisherig betriebenen Krafttrainings und kennt die verschiedenen Kraftübungen an den Maschinen und deren Ausführung, was der Leistungsstufe Fortgeschrittener nach ILB entspricht, dadurch ist der X-RM-Test für ihn geeignet. Ebenfalls sind die methodischen Ansätze des X-RM-Test besser in der Praxis anwendbar (im Vergleich zum 1-RM-Test), da für jede Übung das maximale Gewicht für die Wiederholungszahl ermittelt wird, mit dem hinterher auch im Trainingszyklus trainiert wird. Zudem hat das X-RM Testverfahren den Vorteil gelenkschonender und weniger belastend (mechanisch und psychisch) zu sein im Vergleich zum 1-RM, was das Verletzungsrisiko vermindert.
Detaillierter Ablauf des X-RM-Test	Die Wiederholungszahl des Testes richtet sich nach dem Trainingsziel des Sportlers bzw. nach dem einzelnen Mesozylus. Im ersten Mesozyklus ist das Trainingsziel IK-Training bzw. Maximalkrafttraining, wodurch eine Wiederholungszahl von 3 Wiederholungen pro Übung festgelegt wurde (bei einem Bewegungstempo von 5 Sekunden). Nachdem die Wiederholungsanzahl festgelegt wurde fand ein allgemeines Aufwärmen von 5-10min statt, um das Herz-Kreislauf-System an die sportliche Belastung langsam heranzuführen und zu aktivieren. Danach erfolgte ein spezielles Aufwärmen zur Mobilisierung einzelner Muskelgruppen und Gelenke. Es ist wichtig das geeignete Gewicht so schnell wie möglich zu ermitteln und nicht länger als 2-3 Sätze zu brauchen, damit die Muskulatur nicht ermüdet und man somit nicht zu verfälschten Ergebnissen kommt. Nach jedem Testsatz wird eine Satzpause von jeweils 2min eingehalten, um wieder aufs Ausgangsniveau zu kommen. Nachdem alle Ergebnisse der verschiedenen Übungen feststanden, fand ein allgemeines Cool-Down von 10-15min statt, um nach dem Training Verletzungen vorzubeugen.

Nachfolgend in tabellarischer Ansicht die Testphase des Mehrwiederholungstestes (X-RM) und deren Ergebnisse, zwischen jedem Satz wurde eine Pause von 2min eingehalten. Zur Erklärung steht KH für Kurzhantel, LH für Langhantel und Wdhg. für Wiederholung.

Tabelle 4: Mehrwiederholungstestes (X-RM)

Testübung	Wdhg.	1.Testsatz	2.Testsatz	3.Testsatz	Ergeb-nis
LH Rudern	3	60kg	75kg	x	75kg
Butterfly Reverse	3	55kg	x	x	55kg
LH Bankdrücken	3	90kg	x	x	90kg
Crossover Kabel Zug	3	40kg	x	x	40kg
KH Curls	3	20kg	x	x	20kg
Kickbacks KH	3	15kg	20kg	x	20kg
KH Seitheben	3	15kg	x	x	15kg
Beinstrecker	3	75kg	x	x	75kg
Beinbeuger	3	90kg	x	x	90kg
Bauchpresse	3	60kg	65kg	x	65kg

Die konkrete Schlussfolgerung und die Konsequenzen für die weitere Trainingsteuerung und Trainingsplanung aus den Testergebnissen befindet sich in der nachfolgenden Tabelle.

Tabelle 5: Schlussfolgerung und Konsequenzen aus den Testergebnissen

Schlussfolge-rung	Nach der Durchführung des X-RM-Tests besteht nicht die Möglichkeit eines Normwertvergleichs, da es zu viele verschiedene Kraftübungen gibt und man jeder Übung einen Norm- bzw. Referenzwert zuordnen müsste. Außerdem wird der Mehrwiederholungstest (X-RM) durch viele verschiedene Einflussfaktoren (Tagesform, Ernährung, Wohlbefinden oder Uhrzeit usw.) bestimmt. Jedoch nach Berücksichtigung dieser Einflussfaktoren und genauer Durchführung der Kraftübungen ist der Mehrwiederholungstest (X-RM) eine gute Möglichkeit zur Dokumentation der eigenen Leistungsentwicklung.
Konsequen-zen aus dem Testergebnis	Der Mehrwiederholungstest (X-RM) wird angewandt um später in den Mesozyklen die Trainingsgewichte für die einzelnen Kraftübungen auszurechnen. Die geeignete Prozentzahl kann nun anhand des Grobrasters nach ILB ausgerechnet werden. Somit trainiert die Testperson mit ihrem optimalen Trainingsgewicht und die Muskeln werden weder Unter- noch Überbelastet was einen unter- bzw. stark überschwelligen Reiz vorbeugt und somit zu einem erfolgreichen Training führt. Dadurch das die Testperson nun mit ihrem optimalen Trainingsgewicht trainiert werden neue Trainingsreize gesetzt und führen schlussendlich zu einer progressiven Belastungssteigerung und das wirkt sich positiv auf die Leistungsfähigkeit der Testperson aus.

2 Lösung Aufgabe 2 – Zielsetzung und Prognose

Aus dem Erstgespräch wurde ersichtlich was die Testperson in ihrem Training für einen Fokus setzten möchte, Muskelaufbau. In der nachfolgenden Tabelle werden drei relevante Ziele und Begründungen genannt.

Tabelle 6: Zielesetzung

Inhalt	Ausmaß	Zeit	Begründung
Erste Ergebnisse bemerken	Einhaltung des Trainingsplanes in jedem Training	3 Wochen	Motivation aufrecht erhalten
Körperfett reduzieren	< 12%	6 Monate	Muskelaufbau/definieren
Muskelmasse erhöhen	> 12kg	6 Monate	Muskelaufbau
Begründung			

Das primäre Ziel der Testperson ist der Muskelaufbau, das gelingt natürlich mit der Erhöhung der Muskelmasse (Ausgangswert der Testperson 12kg) und der gleichzeitigen Reduzierung des Körperfettes (Ausgangswert der Testperson 12%). Eine Erhöhung der Muskelmasse und Reduzierung des Körperfettes führt gleichzeitig zu einer Gewichtszunahme, dadurch das Muskeln schwerer sind als Fett. Als kurzfristiges Ziel wurde definiert, dass die Testperson erste Ergebnisse bemerkt, um somit die Motivation aufrecht zu erhalten. Dazu genügt es erstmal den Trainingsplan während jedem Training einzuhalten, da ebenfalls in der Vergangenheit unsystematisch trainiert wurde.

3 Lösung Aufgabe 3 – Trainingsplanung Makrozyklus

Eine langfristige Trainingsplanung, auch genannt Makrozyklus, für das Krafttraining befindet sich in der untenstehenden Tabelle. Zum Verständnis steht GK für Ganzkörper, TUT für Time Under Tention und Wdhg. für Wiederholung.

Tabelle 7: Makrozyklus

	Mesozyklus I	Mesozyklus II	Mesozyklus III	Mesozyklus IV
Zyklusdauer	6 Wochen	6 Wochen	6 Wochen	6 Wochen
Trainingsziele	Maximalkraft	Kraftausdauer	Muskelaufbau Hypertrophie I	Muskelaufbau Hypertrophie II
Trainingssystem	GK	GK	GK	GK
Organisationsform	Stationstraining	Stationstraining	Stationstraining	Stationstraining
Häufigkeit/Woche	3-4mal pro Woche	3-4mal pro Woche	3-4mal pro Woche	3-4mal pro Woche
Übungen/Muskel	1-3 Übungen	1-3 Übungen	1-3 Übungen	1-3 Übungen
Sätze/Übung	2-3 Sätze	2-3 Sätze	2-3 Sätze	2-3 Sätze
Intensität X-RM	70 – 90 % xRM-Test	70 – 90 % xRM-Test	70 – 90 % xRM-Test	70 – 90 % xRM-Test
TUT/Satz	15 Sekunden	60 Sekunden	40 Sekunden	32 Sekunden
TUT/Wdhg.	2-1-2 = 5	1-1-1 = 3	2-0-2 = 4	2-1-1 = 4
Wdhg.zahl	3	20	10	8
Satzpausen	120 Sekunden	30 Sekunden	60 Sekunden	60 Sekunden

Zur Begründung der übergeordneten Trainingsmethoden, der Belastungsparameter, der Organisationsformen und der Periodisierung auf die zeitliche Abfolge dient die folgende Tabelle. Nach dem Grobraster zur Trainingsplanung nach der ILB-Methode richten sich die Belastungsparameter (Boeckh-Behrens & Buskies, 2002; Fleck & Kraemer, 2004; Fröhlich, 2003; Hoeger, Hopkins, Barette, & Hale, 1990).

Tabelle 8: detaillierte und schlüssige Begründung des Markozyklus

Übergeordnete Trainingsmethode	Die Individuelle-Leistungsbild-Methode (ILB) wurde als übergeordnete Trainingsmethode verwendet, da sie eine wie der Name schon sagt individuelle Gewichtsbestimmung ermöglicht, welche auf die tatsächliche Intensität abgestimmt ist. Der X-RM-Test in Aufgabe 1.2 dient nun als Referenzgröße für die Berechnung der optimalen Trainingsbelastung (Eifler, 2000; 2013; Zimmer, 1999). Dadurch das die Testperson weder internistische noch orthopädische Einschränkungen hat, konnte der X-RM-Test problemlos durchgeführt werden. Die Ergebnisse aus dem Test dienen als Grundlage des Trainingsplanes (=100%). Anhand des Grobrasters nach der ILB-Methode kann man nun das optimale Trainingsgewicht jedes einzelnen Mesozyklus errechnen (=70-90%). Es ist besonders wichtig, dass vor jedem neuen Mesozyklus der begonnen wird ein solcher X-RM-Test gemacht werden muss, da sich das Belastungsempfinden der Testperson ändert.

Belastungspara-meter	**Häufigkeit/Woche:** Die Belastungshäufigkeit ist ein sehr wichtiger Belastungsparamter, denn es ist wichtig die optimale Relation zwischen Belastung und Erholung zu finden. Dabei wird aus der Studie von Wirth et al. (2007) klar, dass wenn es um Muskelaufbau geht 3 Einheiten pro Woche zu einem signifikanten Anstieg der Muskelmasse führt. Dabei sollte nach jedem Training ein Erholungszeitraum von 24h eingehalten werden, da der Körper einer Belastung ausgesetzt wurde. Anschließend kommt es zu einem höheren Leistungsniveau als davor. Deshalb wurde die Belastungshäufigkeit auf 3-4mal die Woche gesetzt. **Übungen/Muskel:** Die Übungen pro Muskel wurden auf 1-3 festgelegt, da man mindestens jede Muskelgruppe mit einer Übung trainieren muss um ein Ganzkörpertraining zu absolvieren. Natürlich kann man je nach Wunsch der Testperson, eine Muskelgruppe weniger oder mehr trainieren. **Sätze/Übung:** Die Sätze pro Übung wurden auf 2-3 festgelegt, da man damit eine Ermüdung der Muskelgruppen erzielt. **Bewegungstempo:** Man unterteilt das Bewegungstempo in drei verschiedene Phasen, die konzentrische Phase (überwindende Phase), die statische Phase (haltende Phase) und die exzentrische Phase (nachgebende Phase). Da die reine Wiederholungsanzahl ein eher ungenauer Parameter ist, richtet man sich eher nach dem Bewegungstempo bzw. dem TUT „Time Under Tension" (Brzycki, 1995; Kieser, 1998; Remmert, Schiscek, Zamhöfer, Ferrauti, 2005; Sakomoto, Sinclair, 2006) und erhält daraus die Anzahl an Wiederholungen. Bei Maximalkraft liegt der TUT/Satz bei unter 15 Sekunden (Ehlenz, Grosser, Zimmermann, 1998, S. 111-113; Güllich, Schmidtbleicher, 1999). **Intensität:** Die Intensität wird prozentual von der Maximalkraft angegeben und richtet sich nach der Leistungsstufe nach dem Grobraster der ILB-Methode. Die Testperson gilt laut ILB als Fortgeschrittener, sodass die Intensität bei 70-90% der Maximalkraft (Ergebnis X-RM-Test) liegt. Es ist wichtig die Intensität innerhalb des Mesozykluses zu erhöhen, siehe Teilaufgabe 4 (Eifler, 2000; 2013; Zimmer, 1999).
Organisations-form	Bei der Organisationsform entschied ich mich für ein Ganzkörpertraining im Stationstraining. Im Stationstraining absolviert man alle Sätze einer Übung an der vorgegebenen Station nacheinander aus. Das hat den Vorteil, dass es durch die nacheinander folgenden Sätze zu einer extremen Muskelermüdung kommt und anschließend zu einem Muskelwachstum, was das Ziel der Testperson ist (Zatsiorsky, Kraemer, 2008). Beim Ganzkörpertraining werden alle großen Muskelgruppen innerhalb einer Trainingseinheit trainiert. Da die Testperson in der Vergangenheit fast ausschließlich ein Split-Training durchgeführt hat und es wichtig ist neue Reize zu setzten, da der Körper sich an gleichbleibende Belastungen gewöhnt und wir eine progressive Belastungssteigerung erzielen möchten (Toigo, 2015)
Periodisierung auf die zeitliche Abfolge	Alle Mesozyklen haben eine Dauer von 6 Wochen und besitzen unterschiedliche Schwerpunkte, Inhalte und Zielsetzungen um die bestmögliche Leistungsfähigkeit zu erreichen und ein optimales Verhältnis von Erholung und Belastung zu schaffen (Zatsiorsky, Kraemer, 2008). Da die unterschiedlichen Trainingsziele unterschiedliche Adaptionszeiträume benötigen ist es wichtig das Training in verschiedene Zyklen zu unterteilen (Eisenhut, Zintl, 2013, S. 16-27). Ein weiterer Vorteil davon ist, dass die Motivation der Testperson aufrecht gehalten wird, da immer wieder neue Trainingsfortschritte bemerkt werden können. Das Hauptziele der Zyklisierung ist es, die Ziele systematisch und kontrolliert zu erreichen.

4 Lösung Aufgabe 4 – Trainingsplanung Mesozyklus

Jeder Makrozyklus besteht aus mehreren Mesozyklen in dem der Trainingsplan detailliert veranschaulicht wird. In der nachfolgenden Tabelle wird der Mesozyklus I des Makrozyklus aus Tab. 7 detailliert dargestellt.

Tabelle 9: Mesozyklus Maximalkraft bzw. IK Training

Leistungsstufe:		Fortgeschrittener	Zyklusdauer:		6 Wochen	
Mesozyklus I spezifisches Ziel (IK-Training):		Rekrutierung & Frequentierung verbessert sich (die Synchronisation zwischen beiden), Nicht-aktive motorische Einheiten können aktiviert werden, Intermuskuläre Koordination verbessert sich, Höhere Maximalkraft, Verbesserung passiver Bewegungsapparat				
Organisationsform		Ganzkörpertraining im Stationstraining				
Sätze/Übung:		1-3 Sätze	**Satzpausen:**		120 Sekunden	
Häufigkeit/Woche:		3-4mal pro Woche	**Übungen/Muskel:**		1-3 Übungen	
Bewegungstempo/Wiederholungen:		2-1-2 = 5 Sekunden → 3 Wiederholungen (bei 15Sek. TUT/Satz)				
Übungen	Testergebnis X-RM	Woche 1 70 % X-RM	Woche 2 70 % X-RM	Woche 3 80 % X-RM	Woche 4 80 % X-RM	Woche 5 90 % X-RM	Woche 6 90 % X-RM
LH Rudern	75kg	52,5kg	52,5kg	60kg	60kg	67,5kg	67,5kg
Butterfly Reverse	55kg	38,5kg	38,5kg	44kg	44kg	49,5kg	49,5kg
LH Bankdrücken	90kg	63kg	63kg	72kg	72kg	81kg	81kg
Crossover Kabel Zug	40kg	28kg	28kg	32kg	32kg	36kg	36kg
KH Curls	20kg	14kg	14kg	16kg	16kg	18kg	18kg
Kickbacks KH	20kg	14kg	14kg	16kg	16kg	18kg	18kg
KH Seitheben	15kg	10,5kg	10,5kg	12kg	12kg	13,5kg	13,5kg
Beinstrecker	75kg	52,5kg	52,5kg	60kg	60kg	67,5kg	67,5kg
Beinbeuger	90kg	63kg	63kg	72kg	72kg	81kg	81kg
Bauchpresse	65kg	45,5	45,5	52kg	52kg	58,5kg	58,5kg

Die Übungen und der Schwerpunkt des Mesozykluses wurden mit Bedacht gewählt und in der nachfolgenden Tabelle detailliert und schlüssig begründet.

Tabelle 10: Begründung

Detaillierte Begründung des Mesozykluses	Der erste Mesozyklus meines Makrozykluses ist eine Mischung aus Maschinenübungen und Freihantelübungen, wobei der Schwerpunkt eher auf den Freihantelübungen liegt. Alle Übungen wurden so ausgewählt, dass jeder Muskel und alle Muskelgruppen im gleichen Umfang trainiert werden. Mit dem Freihanteltraining schult man einerseits die intermuskuläre Koordination, aber auch die Balance oder die Eigenstabilisation. Ein weiterer Vorteil ist, dass die Übungen im Freihantelbereich mehrere Muskeln auf einmal beanspruchen (mehrgelenkige Übungen), was zu einem höheren metabolischen Effekt führt im Vergleich zum reinen geführten Maschinentraining (Haff, 2000). Zudem gilt ein Freihanteltraining im Hinblick auf die Kraftsteigerung gegenüber dem Training an geführten Maschinen als überlegen (Stone, Collins, Plisk, Haff & Stone, 2000). Des Weiteren bieten mehrgelenkige Übungen wie im Freihantelbereich die Möglichkeit sie besser auf den Alltag der Testperson zu übertragen (Hois & Ziegner, 2006). Natürlich wurde aber nicht ganz auf das Maschinentraining verzichtet, es wurden klassische Übungen wie der Butterfly reverse, Bauchpresse, Beinbeuger und der Beinstrecker mit eingebaut. Da die Testperson schon seit 2 Jahren Kraftsport betreibt und somit ausreichend Erfahrung gesammelt hat gibt es keine Probleme mit den Ausführungen der einzelnen Übungen. Die Reihenfolge der Übungen wurde so gewählt das mehrgelenkige-vor den eingelenkigen Übungen ausgeführt werden, um zu vermeiden das die Synergisten zuvor ermüden (Bompa & Carrera, 2005, S. 69).

Um zu zeigen welche Muskeln bei welcher Übung beansprucht werden und welchen in-
dividuellen Nutzen die Person davon hat dient die folgende Tabelle.

Tabelle 11: Hauptbeteiligte Muskeln der Übungen und die jeweilige Bewegungsrichtung

Übung	Bewegungsrichtung	Hauptbeteiligte Muskeln
LH Rudern	1.Retroversion (Schulterge- lenk) 2.Retraktion (Schultergürtel) 3.Flexion (Ellenbogengelenk)	1.Breiter Rückenmuskel 2.Rautenmuskel 3.Untergrätenmuskel 4.Hinterer Teil Deltamuskel
Butterfly Reverse	1.Außenrotation (Schultergelenk) 2.Retraktion (Schultergürtel)	1.Hinterer Teil Deltamuskel 2.Rautenmuskel 3.Untergrätenmuskel
LH Bankdrücken	1.Extension (Ellenbogengelenk) 2.Protraktion (Schultergürtel) 3.Anteversion (Schultergelenk)	1.Großer Brustmuskel 2.Dreiköpfiger Oberarmmus- kel 3.Deltamuskel vorderer An- teil
Crossover Kabel Zug	1.Adduktion (Schultergelenk) 2.Protraktion (Schultergürtel)	1.Großer Brustmuskel
KH Curls	1.Flexion (Ellenbogengelenk)	1.Zweiköpfiger Oberarmmus- kel 2.Armbeugermuskel
Kickbacks KH	1.Retroversion (Schultergelenk) 2.Extension (Ellenbogengelenk)	1.Dreiköpfiger Oberarmmus- kel
KH Seitheben	1.Abduktion (Schultergelenk)	1.Mittlerer Teil Deltamuskel
Beinstrecker	1.Extension (Kniegelenk)	1.vierköpfiger Oberschenkel- muskel
Beinbeuger	1.Flexion (Kniegelenk)	1.Zweiköpfiger Oberschen- kelmuskel 2.Plattsehnenmuskel 3.Halbsehnenmuskel
Bauchpresse	1.Flexion (Wirbelsäule)	1.Gerade Bauchmuskeln
Individueller Nutzen für die Testperson:		

- Die Testperson hat beim Langhantelrudern den Vorteil, dass es ein guter Ausgleich für die Arbeit am Pc ist, da im Büro und bei der Arbeit am Pc die Schultern nach innen ge-dreht sind und Handrücken nach oben zeigen, bei der Übung hier ist es genau anders-herum.
- Ihm helfen die Curls mit der Kurzhantel beim tragen schwerer Sachen.
- Abduktionsübungen wie zum Beispiel beim Seitheben helfen dabei das Schultergelenk zu stabilisieren um somit Verletzungen vorzubeugen.
- Kickback mit der Kurzhantel helfen ihm ebenfalls dabei schwere Sachen zu tragen da sie die Antagonistische Bewegung der Curls sind.

5 Lösung Aufgabe 5 - Literaturrecherche

Die folgende Tabelle zeigt eine Literaturrecherche zweier wissenschaftlichen Studien zum Thema „Effekte des Krafttrainings bei Rückenschmerzen".

Tabelle 12: Literaturrecherche zweier Studien

Studie Nr. 1	Studie Nr. 2
Der Titel der Studie:	
„Krafttraining bei chronischen lumbalen Rückenschmerzen. Ergebnisse einer Längsschnittstudie"	„Effekte maschinengestützten Krafttrainings in der Behandlung chronischen Rückenschmerzes"
Wer hat die Studie durchgeführt und in welchem Jahr wurde sie publiziert:	
Goebel, Stephan, Freiwald, 2005	Stephan, Goebel, Schmidtbleicher, 2011
Versuchspersonen:	
• Die Studie begann mit 128 chronischen Rückenschmerzpatienten, wobei es nur bei 102 Patienten eine Auswertung gab da der Rest nicht erreichbar war. Es wurden zwei Gruppen eingeteilt, die MKT (befragung vor MKT, nach MKT und nach weiteren 12 Monaten) und die Kontrollgruppe (Patienten eines betriebsärztlichen Zentrums). • Teilnahmevoraussetzung war das die Probanden chronische Rückenschmerz seit mindestens 6 Monaten haben oder mehr als zwei akute Lumbalgien/Lumboischialgien pro Jahr innerhalb der letzten 2 Jahre mit jeweils mindestens einwöchiger Arbeitsunfähigkeit. • Nicht dran teilnehmen durften Probanden mit einem laufenden Rentenantrag, motorischen Ausfällen oder Indikation zur Bandscheibenoperation. • Die MKT bestand aus 69 Patienten (3/4 männlich, 1/4 weiblich) mit einem Durchschnittsalter von 46,1 Jahren. Über 90% waren Berufstätig und davon wiederum waren über 80% Vollzeitbeschäftigt. 38	• Es gab zwei Gruppen, die Trainingsgruppe und die Kontrollgruppe welche beide aus über 18.000 Bewerbern ausgelost werden musste • Datenerhebungen erfolgen zu Interventionsbeginn, nach 3 Monaten und nach 6 Monaten • Teilnahmevoraussetzung war das die Probanden Rückenschmerzen seit mehr als 12 Monaten hatten, Chronifitierungsgrad 1 oder 2 und befähigt sind selbstständiges Krafttraining auszuführen (nach Ermessen des Arztes) • Nicht dran teilnehmen durften Probanden mit bekannter Osteoporose, instabile Herz-Kreislauf-Erkrankungen, akute Verletzungen und Entzündungen am Bewegungsapparat, motorische Ausfälle oder postoperative Zustände • Die Trainingsgruppe bestand aus 58 Teilnehmern (50/50 m/w) mit einem Durchschnittsalter von 44,37 Jahren. Ein Drittel der Trainingsgruppe ist bereits sportlich

Patienten litten seit mehr als 12 Monaten unter chronischen Rückenschmerzen und 8 Patienten ließen sich deswegen krankschreiben. • Die Kontrollgruppe bestand aus 33 Patienten (3/5 männlich, 2/5 weiblich) mit einem Durchschnittsalter von 47,1 Jahren. Hier waren ebenfalls über 90% berufstätig aber nur 72,7% Vollzeitbeschäftigt. 18 Patienten litten seit mehr als 12 Monaten unter chronischen Rückenschmerzen und ebenfalls 8 Patienten ließen sich deswegen krankschreiben.	aktiv und hat Erfahrung mit dem Krafttraining. Über 90% der Probanden haben Beschwerden im LWS • Die Kontrollgruppe besteht aus 16 Probanden (60/40 w/m) und weißt so ziemlich identische Merkmale auf

Versuchsaufbau:

Es wurden folgende Test zu Beginn (T0) und nach weiteren 12 Monaten (T2) gemacht. • Subjektive Gesundheit mit dem SF-36-Fragebogen (Skala-Score 0-100) • Die Funktionskapazität des Rückens wurde mithilfe des Funktionsfragebogen Hannover erfasst (Rückenschmerz Version) • Die Probanden mussten schildern wann sie das letzte Mal Rückenschmerzen hatten und wenn länger als 1 Monat her wie schwer bei einer Skala von 1-10 (1=kaum spürbar, 10=unerträglich) • Ebenfalls wurden sie gefragt ob sich in der Arbeit eingeschränkt werden durch ihre Rückenschmerzen • Zum Schluss mussten sie noch angeben wie oft sie wegen den Rückenschmerzen beim Arzt waren, sowie die Anzahl an Krankschreibungen	• 6 Monate betrug der Interventionszeitraum mit 6 Trainingseinheiten pro Monat a 60min • Die Trainingsgruppe absolvierte ein muskelaufbauendes Krafttraining an Trainingsmaschinen mit variablem Widerstand • Zum Ziel wurde eine Funktions- und Strukturverbesserung der Muskulatur, insbesondere des Rumpfes • Bestandteil des Trainingsprogrammes war eine Lumbalextension mit stabilisiertem Becken • Die ersten drei Trainingseinheiten wurden die Probanden durch einen professionellen Trainer eingewiesen und jede 10. Und 20. Training wurde nochmals eine Kontrolle durchgeführt • Die Intensität der Rückenschmerzen wurde anhand einer Skala abgefragt • Die Beeinträchtigung durch die Rückenschmerzen wurde ebenfalls durch eine Skala abgefragt • Die lumbale Extensionskraft wurde anhand des Testgerätes MedX Lumbar Extension in sieben verschiedenen Winkelpositionen getestet

Ergebnisse / Schlussfolgerungen:

- Nach 12 Monaten veränderte sich die subjektive Gesundheit der MKT Gruppe positiv, bei der Kontrollgruppe blieb es gleich
- Auch die Funktionskapazität des Rückens veränderte sich positiv bei der MKT Gruppe, Kontrollgruppe blieb wieder gleich
- Die Anzahl die Rückenschmerztage ging bei der MKT Gruppe sehr stark zurück, bei der Kontrollgruppe blieb es gleich
- Ebenfalls gab es weniger Probanden die nach 12 Monaten in ihrer Arbeit eingeschränkt waren bei der MKT Gruppe, die Kontrollgruppe hingegen verschlechterte sich die Anzahl
- Die Arztbesuche, Heilmittel und Krankengymnastik die verschrieben wurden sanken ebenfalls bei der MKT Gruppe, die Kontrollgruppe zeigte keine Veränderung

Schlussfolgernd ist zu sagen das das MKT-Trainings im kurzfristigen Zeitraum durchaus seine Vorteile gegenüber der Bekämpfung von chronischen Rückenschmerzen aufzeigt, jedoch ist eine längere Sicht über mehrere Jahre notwendig!

- In der Trainingsgruppe wurden nach den 6 Monaten 20 Probanden schmerzfrei, die vorher starke bis leichte Schmerzen hatten
- Auch in der Kontrollgruppe wurden nach 6 Monaten 6 Probanden schmerzfrei
- 6-mal im Monat ein Ganzkörpertraining eignet sich lediglich nur bei Rückenschmerzen im Anfangsstadium
- Dadurch das die Probanden sich bewerben mussten und ausgelost wurden spricht das für eine sehr hohe Motivation
- Der Zeitaufwand ist sehr gering dafür was für Ziele erreicht wurden (3h im Monat Krafttraining)

Schlussfolgernd ist zu sagen das die Studie ist auf einen sehr kurzen Zeitraum festgestellt wurden, interessant wäre hier eine Beobachtung auf mehrere Jahre verteilt!

6 Literaturverzeichnis

Boeckh-Behrens, W.-U., & Buskies, W. (2002). Fitness-Krafttraining. Die besten Übungen und Methoden für Sport und Gesundheit (6. Ausg.). Reinbek bei Hamburg: Rowohlt Taschenbuch Verlag.

Fleck, S. J., & Kraemer, W. J. (2004). Designing resistance training programs (3. Ausg.). Champaign, Illinois: Human Kinetics.

Fröhlich, M. (25. August 2003). Eine empirische Studie zur Methodik des Kraftausdauertrainings. Cuvillier, Göttingen.

Hoeger, W., Hopkins, D., Barette, S., & Hale, D. (Mai 1990). Relationship between repetitions and selected percentages of one repetition maximum: A comparison between untrained and trained males and females. The Journal of Strength and Conditioning Research 4 (2), S. 47-54.

Eifler, C. (2000). Krafttraining nach der ILB-Methode – Eine empirische Überprüfung der Trainingseffekte bei Anfängern und Fortgeschrittenen. Diplomarbeit, Universität des Saarlandes. Saarbrücken.

Zimmer, M. (1999). Entwicklung und Erprobung eines Mehrwiederholungstests zur Erfassung der Kraftleistung im Fitneß-Training. Diplomarbeit, Universität des Saarlandes. Saarbrücken.

Wirth, K., Atzor, K. R. & Schmidtbleicher, D. (2007). Veränderungen der Muskelmasse in Abhängigkeit von Trainingshäufigkeit und Leistungsniveau. Deutsche Zeitschrift für Sportmedizin, 58 (6), 178-183.

Brzycki, M. (1995). A practical approach to strength training (3. Aufl.). Lincolnwood: Master Press.

Kieser, W. (1998). Wieviele Sätze beim Krafttraining? Theorie und Praxis. Leistungssport, 28 (3), 50-51.

Remmert, H., Schischek, A., Zamhöfer, T. & Ferrauti, A. (2005). Influence of recovery duration on increase of strength and muscular growth within a high-intensity training (HIT). In J. Gießing, M. Fröhlich & P. Preuss (eds.), Current results of strength training research (pp. 89-102). Göttingen: Cuvillier.

Sakomoto, A. & Sinclair, P. J. (2006). Effect of movement velocity on relationship between training load and the number of repetitions of bench press. Journal of Strength and Conditioning Research, 20 (3), 523-527

Ehlenz, H., Grosser, M. & Zimmermann, E. (1998). Krafttraining. Grundlagen Methoden Übungen Leistungssteuerung Trainingsprogramme (6. Aufl.). München: BLV.

Güllich, A. & Schmidtbleicher, D. (1999). Struktur der Kraftfähigkeiten und ihrer Trainingsmethoden. Deutsche Zeitschrift für Sportmedizin, 50 (7/8), 223-234.

Zatsiorsky, V. (1996). Krafttraining – Praxis und Wissenschaft. Aachen: Meyer & Meyer.

Toigo, M. (2015). Die Jagd nach hormonellen Geistern. In M. Toigo, *MuskelRevolution* (S. 195-201). Berlin Heidelberg: Springer-Verlag.

Eisenhut, A. & Zintl. F. (2013). Ausdauertraining. Grundlagen, Methoden, Trainingssteuerung (8. Aufl.). München: BLV

Haff, G. G. (2000). Roundtable discussion: machines versus free weights. Strength and Conditioning Journal, 22 (6), 18-30.

Stone, M. H., Collins, D., Plisk, S., Haff, G. G. & Stone, M. E. (2000). Training principles: evaluation of modes and methods of resistance training. Strength and Conditioning Journal, 22 (3), 65-76.

Hois, G. & Ziegner, A. (2006). Grundlagen des mehrgelenkigen Trainings in Theorie und Praxis. Bewegungstherapie und Gesundheitssport, 22, 18- 25.

Bompa, T. O. & Carrera, M. C. (2005). Periodization training for sports. Science-based strength and conditioning plans for 20 sports (2. ed.). Champaign, IL: Human Kinetics.

Goebel, S., Stephan, A., & Freiwald, J. (2005). Krafttraining bei chronischen lumbalen Rückenschmerzen. Ergebnisse einer Längsschnittstudie. *DEUTSCHE ZEITSCHRIFT FÜR SPORTMEDIZIN,* 56(11), 388-392.

Stephan, A., Goebel, S., & Schmidtbleicher, D. (2011). Effekte maschinengestützten Krafttrainings in der Behandlung chronischen Rückenschmerzes. *Deutsche Zeitschrift für Sportmedizin,* 62(3), 69-74.

7 Abbildungs- und Tabellenverzeichnis

7.1 Tabellenverzeichnis

BEI GRIN MACHT SICH IHR
WISSEN BEZAHLT

- Wir veröffentlichen Ihre Hausarbeit,
  Bachelor- und Masterarbeit

- Ihr eigenes eBook und Buch -
  weltweit in allen wichtigen Shops

- Verdienen Sie an jedem Verkauf

Jetzt bei www.GRIN.com hochladen
und kostenlos publizieren